进阶吧！投资者 5

不可思议的光伏（下）

齐乐　黄秋子　著
贝黑莱特　Toon　Dorothy　绘
雪球　编

中信出版集团｜北京

图书在版编目（CIP）数据

进阶吧！投资者 . 5 / 齐乐，黄秋子著；贝黑莱特，Toon，Dorothy 绘；雪球编 . -- 北京：中信出版社，2024.1

ISBN 978-7-5217-6153-5

Ⅰ . ①进… Ⅱ . ①齐… ②黄… ③贝… ④ T… ⑤ D… ⑥雪… Ⅲ . ①投资－通俗读物 Ⅳ . ① F830.59-49

中国国家版本馆 CIP 数据核字（2023）第 213320 号

进阶吧！投资者 5
著者：　　齐　乐　黄秋子
绘者：　　贝黑莱特　Toon　Dorothy
编者：　　雪　球
出版发行：中信出版集团股份有限公司
（北京市朝阳区东三环北路 27 号嘉铭中心　邮编　100020）
承印者：北京利丰雅高长城印刷有限公司

开本：880mm×1230mm　1/32　　印张：12.25　　字数：157 千字
版次：2024 年 1 月第 1 版　　印次：2024 年 1 月第 1 次印刷
书号：ISBN 978-7-5217-6153-5
定价：109.00 元（上下册）

人物简介

甄真

初入职场的毕业生，投资小白

隐星基金公司创始人甄墨言之女，没有职场经验的投资小白，毕业于纽约大学金融专业，刚毕业，父亲就意外离世。为进一步了解父亲生前管理的投资组合背后的秘密，加入了隐星基金公司，在实际投资中逐渐建立起自己对投资的理解。

陈丙伸

能够看透复杂投资的“天才基金经理”

早年加入隐星基金公司，与创始人甄墨言亦师亦友，很快成为圈内的“天才基金经理”。在声名大噪时选择退隐，成为一名夜大讲师。退隐原因引发众人猜测……

甄墨言

隐星基金公司创始人、投资大佬

隐星基金公司创始人，负责把控公司整体的投资研究和投资策略。具有20余年投资市场相关经验，对中国及全球资本市场有深刻的理解，投资风格成熟稳健，通过独特且深入的调研，能够敏锐地把握投资机会。在一次调研中意外离世。

李轶君

隐星基金公司董事长、甄墨言挚友

与甄墨言共同创办了隐星基金公司，负责公司管理工作，具备卓越的管理能力和销售能力。在甄墨言意外离世后，把甄真招募进公司潜心培养，并找来了陈丙伸帮忙。

目录

第一话
意想不到的煤

20个月前
隐星基金

所以，你说的破局点是……

煤？
陈丙伸

是的!
陈丙伸

而我国目前的能源结构依旧高度依赖煤炭，燃煤发电量占据着总发电量的60%以上。

由于美联储从去年开始“大放水”，国际市场煤炭价格这几个月一直在上涨。

加上我国在2021年3月出台了保障安全生产、限制超采的政策，我估计今年我国煤炭的实际产能将缩减两三成。

你有没有关注……从去年四季度开始，澳煤的减量？
澳煤？澳大利亚？
嗯，今年的煤炭大环境确实很紧张。
但要达到你预测的程度，得多重因素并发……

那部分
只占咱们国家总
用煤量的3%，就算
全都去掉影响也
不大吧？

那部分煤
总量确实不大，但
占据了我国高卡低
硫煤的很大一
部分。
高卡低硫煤？

这种煤用来
发电并不经济，
主要是在造纸、建材、
水泥、化工这些非电行业
的生产过程中作为燃料
或原材料使用。
它是那些
工厂在严格的
环保排放指标要求下
能找到的热值最高
的煤种。

我猜测
高卡低硫煤短期
可能会继续供应
不足，
那么相关
企业就会退而求
其次，将目光投向在同
排放量中热值最高的
发电动力煤。

所以呢……

火电厂的
电价有价格管制，
但那些非电行业
并没有。
陈丙伸

相关
企业可以通过提高
产品售价缓解成本压力，
况且今年暴涨的外贸订单量
足以支撑这些工业品
提价。
今年它们
的乙烯好像还涨价
了呢……

当这些企业的库存煤逐渐消耗完，就会有意愿用更高的价格和火电厂抢夺高热值的动力煤，
甚至还会带动中低热值的动力煤跟涨。

嗯！我明白了。

在这种大环境中，竞价循环一旦启动就难以停止，
那么今年动力煤的价格超过火电厂的成本线只是个时间问题。

也许一些地区会出现无煤可用的情况……

其实，这种情况现在已经出现了……

我爸之前在镇上的化工厂做保安看煤山。

但年初厂里的煤山关了……

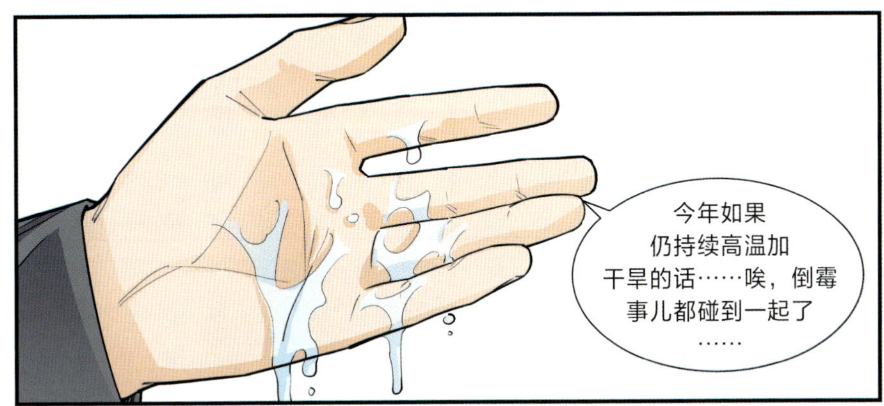
今年如果
仍持续高温加
干旱的话……唉，倒霉
事儿都碰到一起了
……

等等，
你们的意思
是……

如果我的
预测准确，今年
没准儿真的像墨言
说的，多重因素并发，
继而引发全国性的
电力紧缺。

硅料加工是高耗能产业，无论未来需要多少硅料，没电也生产不出来。

这种时候，硅料就陷入了有价无货的状态。价格可能会在短期内蹿至出乎意料的高位。

所以对普耀而言，当务之急是尽快锁定未来12～18个月的硅料产能。

可以和硅料生产商签订锁量不锁价的长期合约，并且按产区尽可能地分散订单，以最大的努力保障原材料的供应安全。

上游的
产能危机必定会
向下游传导，硅料贵了，
硅片的价格也会
水涨船高。

普耀只要
能稳定产出硅片，就
可以在一段时间内获得
超额利润。

再下游
的电池片环节很
可能因在产业链上两头
受压而变得不赚钱，
甚至亏损。

正好
可以趁机停产，
将技术从第二代升
级成第三代。

这就是
我为普耀定制
的策略。

可这些
操作只有在你
所有的预测同时
成立的情况下才
会有效，
必须进口
量不增、价格上涨、
天气热了、地方旱了……
这个结论也太过……
超前了。

我们很难
就此说服普耀的
董事会对经营战略
做出如此重大的
调整吧？

所以说
要多重因素并发
嘛，虽然都是
猜测……

但完全
是有根据的
猜测。

可是即使
他们同意，仅靠普耀
目前的流动资金也很难
执行到位。

而且你应该
知道，这个策略不太
可能获得资本市场的
认同。

毕竟现在市场上的大多数人认为，这一轮硅料价格最多涨到每千克150元。
之后就会随着产能的扩张而回落。

更重要的是，站在投资者的角度，隐星能获得什么好处？

嘿嘿……
陈丙伸

就料到你会这么问。

我认为普耀
是一家很有前途的
公司，隐星完全可以
趁现在股价低迷时
投进来。

只要
和周氏集团打好
配合，隐星就能分
得一杯羹。
周氏……

因为我
手上恰好有个对
资本市场很有说服力
的理由。
什么理由？

我发现
第二代技术PERC
和第三代技术TOPCon
的生产线类似。

而普耀
的电池生产线由于建成
年代久远，难以在第二
代的基础上完成技术
升级。
这两三年，
他们电池板产品的
转化率已经与行业平均标准
拉开近两个百分点
的差距。

所以
售价才一直上
不去。
档案袋

你确定?!

那可是
不小的差距了
……

你怎么
知道这个情报
的?

其实……

答案从
一开始就摆在我们
面前。
聂谨
特别商业顾问

总共
30兆瓦规模，通过
特高压电网把电送
出去。
沙漠里年
日照时长3100个小时，
这座光伏示范电站去年
的入网收入将近
2000万元。
一座30兆瓦
的光伏示范电站，每年
2000万元的入网收入乍看
问题不大，
但要考虑到
那是在年日照时长
冠绝全国的塔布奇沙漠，
即使算上电池的年效
衰减，这个数字也
太低了。

他家老爷子在
吕梁投了个20兆瓦的
光伏电站，年收入也就
1300万元吧。

相比之下，
山西省吕梁市的年
日照时长只有2600个小时，
按平均产出率计算，周鼎先
朋友家的电站比沙漠示范
电站高了20%。

只要再多
掌握些数据，就不难
算出普耀电池板的实际
转化率……

放心吧，
我已经反复计算过了，
老聂也对这份情报进行
了确认。
点头

嗯，我明白了。

这意味着，
普耀花同样的
代价升级第三代T技术的
电池生产线，实现的效益
提升要比同行高出
一大块。

我想……
这也是为什么老白
和那些工程师从三年
前就开始积极研究生产线
升级改造的事吧
……

雪球出品

进阶吧！投资者课堂

大宗商品的价格受哪些因素影响？

大宗商品被誉为世界经济的晴雨表，它往往领先于世界主要经济指标3～6个月。

影响大宗商品价格周期的因素很多。

供需

供需是影响工业品和农产品价格波动的主要因素。

在供给侧，主要观察库存、产量、出口等；在需求侧，主要看消费、进口等。例如，俄乌冲突导致作为世界第四大粮食出口国的乌克兰“断供”，造成全球主要粮食大宗商品的阶段性上涨。

经济周期

根据“美林时钟”，通胀时，大宗商品往往“高攀不起”。

比如，2020年美联储“大放水”，全球石油等大宗商品价格全面暴涨。

极端天气

原油和农产品等大宗商品对气候变化非常敏感。

例如，厄尔尼诺现象强烈的年份，油价往往会受飓风天气影响而上涨；拉尼娜现象强烈的年份，粮食价格受频繁寒潮影响居高不下。

地缘因素

宏观层面的关税调整和微观层面的开采限制都会导致原油、黄金等大宗商品的价格剧烈波动。

例如，1991年海湾战争引发第三次石油危机。

OIL

品种联动性

每个大宗商品的细分品种往往都存在波动关联性。

例如，有色金属板块中，铜、锌、铝的涨跌关联性较高，因为这三种基本金属广泛应用于建筑业和工业生产，需求相似度较高，不同金属之间有时存在替代关系。

Cu

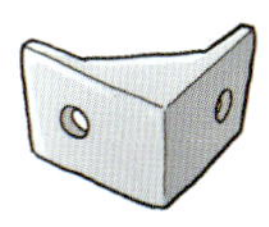

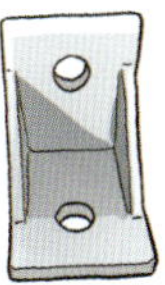

Zn

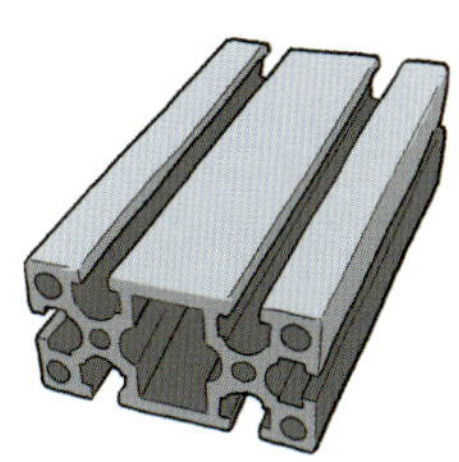

Al

大宗商品主要可以分为实货商品和非实货商品两种类型。作为投资者，可以将大宗商品作为大类资产配置中的一环，减少整个投资组合的风险。

没错！煤就是我想到的破局核心，因此我构思了一系列方案，我对自己的思路非常有信心，就看普耀和周氏集团对我的方案有何看法。

风险提示：漫画内容仅供参考，不构成投资建议，相关观点及意见不代表雪球立场，亦不代表雪球对其中任何行业或相关公司的判断。内容中数据来自万得。

虾饼

第二话
辞职

现在
隐星基金

可我还是不明白，这些情报如何才能帮普耀解决问题呢？

他的方案是这样的……

由周氏集团在普耀的董事会上提议，对隐星基金进行一轮定向增发。

隐星基金
这相当于主动引入隐星作为普耀的投资方，为公司注入宝贵的流动资金。

不过隐星投资的前提是普耀必须升级自家的电池生产线，并如实公告本次升级预期能提升的效益。

隐星参与普耀定向增发的消息一经传出，资本市场果然给予了积极的反馈。

也是哦……

在现金流
困难时能以很小的
代价获得一大笔资金，这种
好事没有公司会
拒绝吧？

进入
普耀的隐星和
原来的大股东周氏
联合……
就有足够
的能量和影响力说服
董事会执行陈丙伸的
策略了。

硅料
而那时普耀
也已经有足够的
资本，足以提前锁定
未来18个月的硅料
供货。

好复杂
的资本运作
方案……

有点儿
不像那家伙的
风格呢。
呵呵，是啊
……

因为
有李晓帮忙设
计和联络沟通嘛。

那个女人
确实有一套，连墨言
都对她的行动力赞叹
不已。

李轶君

好了，那我们
开始吧。
太好了！

那么……从哪儿
开始？
你就
不用管了，让李晓
来办吧。

现在
嗯……

怎么有种
陈丙伸被利用了
的感觉……

等一下，
这不是皆大欢喜的
结局吗？

那他后来
为什么会离开
隐星啊？

这说不通呀！
皆大欢喜？

真的是……

皆大欢喜吗……

18个月前

雷总有请。

乌
委会

乌勒
村村委会
雷总，这里是……

突然请你过来，确实有些唐突。我来解释一下吧。

还记得你参观过的永兴村那个光伏示范电站吧？它既能给当地村民带来收入补贴和工作机会，又能改善环境。
记得啊……

乌勒
我们肯定希望在各个地区都推广这类项目。
但其实这种推广在有些地方行，有些地方就不太行。
比如咱们所在的这个村子，比永兴村的位置要差很多，距离特高压电网入口和抽水蓄能设施都很远，相对成本高很多。

电站企业
来这里考察过，基本
就是不挣钱。但考虑到长久
的地方合作，还是决定做。
本来是打算今年内就
开工的。

其实运营光伏
电站是一件需要精打细算
的事。动辄就需要几亿元的
资金投入，大部分项目都得
靠银行贷款，赚钱后再
还利息……

他们通常
需要10年左右才能
回本。
普耀之前
在其他村给电站提供
的第二代电池产品虽然
转化率低一些，
但价格足够
便宜，加上这里的日照
时间充足，还是能让电站
把账算平的。

但我们按照
你的方案完成产线
升级之后，未来就没办法
再生产老式电池了。现在
产线升级已经开始。

升级后的第三代电池生产线其实转化效率会变高，也能够提升整体效益，但可能对一些电站来说，前期投入也会更大。
如果对方急于资金周转，没有充足的耐心等待效益出现，项目就只能中止。
毕竟在电站前期的建设成本里，四成多的资金都是用来买电池组件的，所以电站企业对价格变动非常敏感。

你是说……项目中止？！

很抱歉，陈总，我们也不想看到这样的情况出现。
但这是电站企业那边基于自身经营情况做出的选择，我们也无能为力。

我听你
说过这个村子，
觉得你可能会比较
在意，所以我觉得还是
应该把这件事
告诉你。

一会儿这里
的村干部和电站
领导会在这儿宣布
电站项目中止的
消息。

可……

吱呀——

乡亲们，
公司做这样的
决定也是没办法
……

当时，
丙伸看着院里那
上百双眼睛，完全没
听清旁边的人讲了
什么。

和他
预计的场面完全
不同，
现场没有
激烈的反对或冲突。大
多数人眼中都流露出失望与
无奈，一言不发地接受
了这个安排。

村干部
讲完话，村民们
都默默地离开了。
而在
陈丙伸离开村子时
……

示范区
造福一方百姓

该不会是？！

他当时虽有预感，但还是不敢确定，直到他颤抖着打开纸飞机……

姐姐!

姐姐，你
怎么了？眼睛红红
的……
没事，回家
吧……

他当时……
心里一定很不好受
吧……

从投资
和公司发展的
角度，他做对了每件
事情，而且做得
非常完美。

李晓事后
向我承认，她确实从
一开始就想引隐星入局
帮助普耀。

她明智地
避开了自己无法控制
的墨言，选择了同样有
能力却更容易被激起
好奇心和胜负欲的
陈丙伸。

但说到底，
她只是在履行自己
的职责，
况且隐星
在这笔投资中也是
受益者。

元/千克
280
230
180
130
去年不仅
如陈丙伸所料，出现了
煤炭短缺，长江流域还
遭遇了极端干旱，
夏季水电
发电量骤减，加上
各地的双减限电，每千
克硅料价格一路冲破
250元。

今年硅料价格上涨
则是因为欧洲局势紧张导致
能源成本和电价飙升，海外
光伏需求大涨，再加上夏
季长江流域再一次遇到
极端干旱。
到了9月，
单晶致密料的
价格最高达到了每
千克300元。

讽刺的是，
被资本市场认可的升级
产线暂时还没发挥作用，反而
是丙伸设计的保供策略帮普耀
赚到了远比他当初预计的
多得多的钱。

在那段时间，
普耀都不太像是一家
光伏企业，更像是硅料的
期货投资商。但这也成就了
隐星这两年最成功的
投资项目。

丙伸有着
瞬间抓住问题本质
的能力，却最终迷失
在了自己最擅长的
领域。

那之后
没多久，他
就提交了辞职
申请。
说有些
东西，他要重新思
考一下。

我现在越来
越觉得，你父亲当时
说的那句话或许很有
道理……

18个月前

他是无法
接受自己的投资
决策让一些人无辜受累，
所以才选择离开
的吗？

或许他
要重新思考的
是资本规则自身
的意义。

这大概
是他必须经历的成长
吧……

现在 北京

雪球出品

进阶吧！投资者课堂

大家好，很多人都说选基金很重要的一点是选择基金经理。今天为大家请来了华夏财富的徐银朋。

徐银朋拥有丰富的基金投资实战经验，请他跟大家聊聊如何挑选基金经理。

大家好，我是徐银朋。

如何挑选基金经理？

投资经验

我筛选基金经理的维度有四个。

一是投资经验。我偏好投资经验丰富的基金经理。

相同情况下，我会优先选择投资年限长的基金经理；多数情况下，我会先考虑拥有5年以上投资经验的基金经理。

业绩表现

二是业绩表现。既要看基金在长期维度下在同类基金中的业绩表现，也要关注业绩的稳定性。

三是风险管理能力。主要看回撤控制能力，一般来说，我们希望回撤控制在同类前50%。

风险管理能力

当然也能容忍在60%的分位，在熊市中的风险管理表现是重点要看的。

四是投资风格。我认为风格稳定值得肯定，但是风格漂移不一定就是错的，可能是比较灵活。我关注的核心是基金经理是否有清晰的投资框架和决策体系且真正执行。我会对照基金经理的交易行为和投资风格及业绩，来评估其风格的执行能力和效果。

投资风格

总体来说，我对投资风格是比较包容的，价值型、成长型、灵活配置型都是我欣赏的投资风格。

价值型

成长型

灵活配置型

选择基金经理主要看四个方面：（1）投资经验是否丰富；（2）业绩表现是否稳定；（3）风险管理能力是否可靠；（4）投资风格是否符合自身业绩表现。

从这四个方面来看，陈丙伸算是非常成功的基金经理。但正确的投资决定造成一些人无辜受累，最终陈丙伸毅然辞职，重新思考资本规则自身的意义……

风险提示：漫画内容仅供参考，不构成投资建议，相关观点及意见不代表雪球立场，亦不代表雪球对其中任何行业或相关公司的判断。内容中数据来自万得。

第三话

储能新方案

现在

啊？啊！

我在想……

其实
普耀那个案子，
陈丙伸已经做得很
完美了。
即使
可以重新选择，
真的能找到更好的
方案吗？

还有，
父亲最后说的
话……
“或许
他要重新思考的
是资本规则自身的
意义。”

你和
那小子那么熟，
直接问问他不就
行了？
唉，他
要是想明白了，
肯定早就四处
炫耀了。

阿——
嚏！

读大学时，在
教授们的口中，资本
规则就像物理
法则。

人们只能
顺应和利用那些
规则，绝对无法
改变它们。

可这段
时间的经历，让我
觉得事实或许并非
如此……
哦？

只是很
模糊的感觉，
我也说不清楚。
不过……

轶君总，我
决定了。

这个问题
我要自己好好
想一想。
不靠陈丙伸！

铁君总，
咱们一起去吃
烤肉吧！
不要总吃
高油高盐的东西
啊……

偶尔一次不
要紧啦！

18个月前

或许
他要重新思考的
是资本规则自身的
意义。

这大概
是他必须经历的
成长吧……
就像当年
互联网泡沫破裂
之后，你经历的
那个阶段？

2000年2月，
你在互联网泡沫
破裂前一个月出人意料地
彻底清仓，躲过了那场危机，
之后人间蒸发了
好一阵子。

同事们有的说
你被美国证券交易委
员会带走调查了，有
的说你跑去印度
灵修了。

唉，年轻
时候的事就别
提了……

那作为
前辈，你不去指导
一下陈丙伸？

这种事，
别人说什么都没用，
只有他自己想通了
才算数。
咳，都
这个点儿了，
一起去楼下吃
拉面？

又吃
那种高油高盐的
东西，注意你的
血压！
好好好……

2个月后
福

福
福

这是两个月来你参加的第四场光伏行业会议了吧？

我看你都快成咱们公司的行业专家了。

轶君总，您别说笑了，我还差得远呢……

深入进来
才发现，原来光伏
行业每个环节都有这么多
细分领域，每个领域都有
一整套专业知识和
供应链。

而且不同
地区的产业政策
千差万别，东部城市
的光伏用地是
稀缺品。
西部
一些省份则要锱铢
必较地分配特高压的
输电份额。

总之，
真是越研究越复杂
啊……

哈哈，专家当然
不是那么好当的。
今天有什么特别的
收获吗？

嗯……
今天这个研讨会
的举办方是中国光伏
行业协会，规格
还蛮高的。

光伏行业年度发展回顾与未来形势展望研讨会
国家能源局
新能源和可再生能
源司，还有好多国内外
光伏领域的专家
学者都来了，
会上
介绍了一系列
最近发布的产业
政策。

我全都记
下来啦，回头再
逐一研究。

都记下来
了？

嗯，
而且我还听到
一个关于普耀的
消息！
哦？

有位老教授
在做技术前沿分享的
时候说，最近普耀赞助的
科研团队在全钒液流电池
隔膜的制备方面取得
了突破。

地铁
入口
我之前
在研究储能时
也接触过液流电池的
信息，但那个专业性太
强，好多名词我都
不懂……

我记得
普耀确实一直在
支持储能方面的
研究，
不过
这种问题最好
还是咨询一下专业
人士。

乘车
Riding
自动售票
嗯，我之前在李耀一的公众号上看到过分析各种储能方案的文章，
没准儿他们也投过类似的项目呢，回头我问问他去！
对了！会议全程的录音，AI（人工智能）已经帮我转成文档，并自动结合历史数据制成了数据总表。

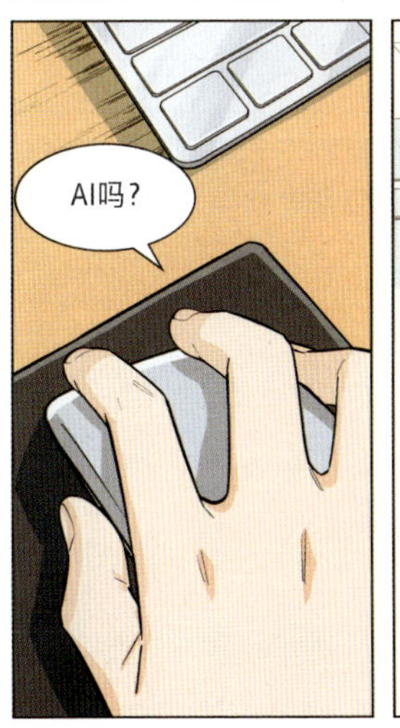
AI吗？

唉，时代……

变化真快啊！

客马拉松会场

出去聊！

这是
什么活动呀？好像
来了很多程序员
……

这是黑客
马拉松，一群背景
不同、技术各异的开发者
要在72个小时内现场组队
并开发产品原型。
解决某个
具体的行业痛点或
难题。

XINYUAN
嘉心源
这次活动的
主题是用人工智能
解决虚拟电厂的复杂
调配问题，
我们基金
是活动赞助商之一，
经常能在这种活动上
发现优秀的人才和
创业团队。

对了，
你怎么一个人
来的？
陈丙伸那
小子呢？

其实这是
我私下在做的
研究啦，拜托先别
跟他说。

好吧好吧，
不知道你俩又搞
什么鬼。
他昨天
突然约我吃饭，
我还以为你俩
一起的。
他好像也
叫我了，但我最近
有点儿忙……

哦，这样啊。
你邮件里的问题，
我确实了解一些，
毕竟曾经还差点儿掉
进大坑里。
嘉心源

掉进坑里？
怎么回事儿？

由于这些年
风电和光伏发展得
特别快，与之配套的
储能方案在全世界的
一级市场都成了
投资热点。

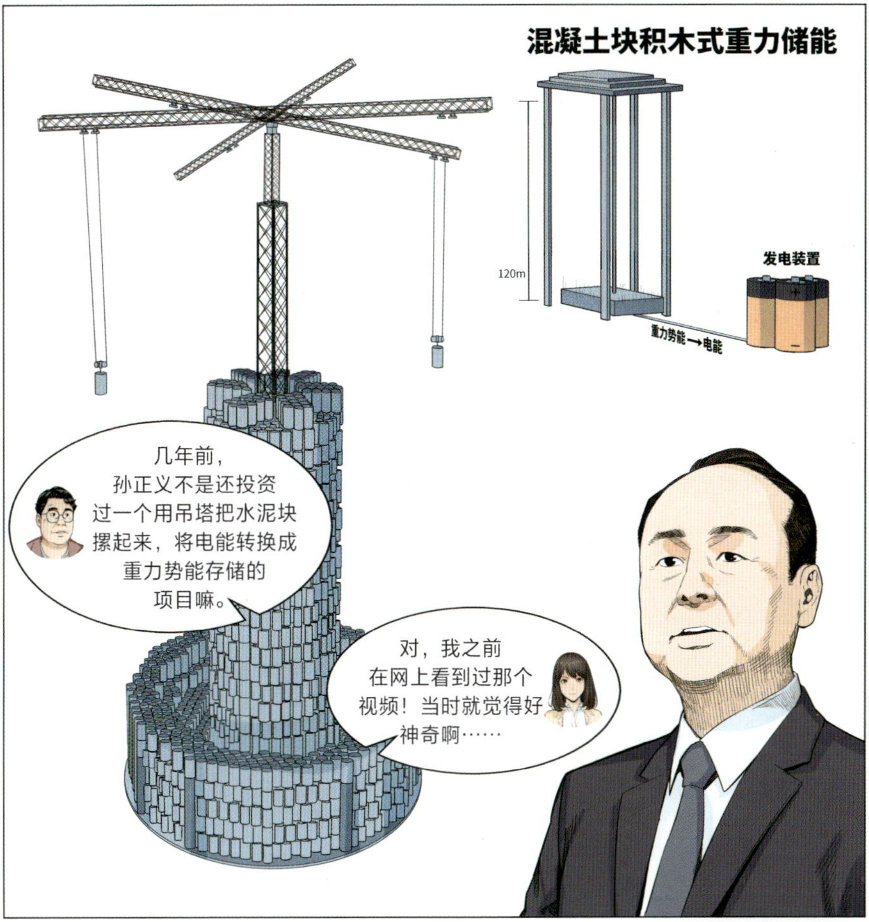

混凝土块积木式重力储能

120m

发电装置

重力势能→电能

几年前，孙正义不是还投资过一个用吊塔把水泥块摞起来，将电能转换成重力势能存储的项目嘛。

对，我之前在网上看到过那个视频！当时就觉得好神奇啊……

进阶吧！投资者课堂

产业政策的作用

第一，政策能够支持产业全生命周期的基础科研。无论产业发展到哪个阶段，都要保证产业的基础科研体系是崭新、前沿且旺盛的。

这一部分要多利用学术界，多进行产学之间的互通，构成上下游生态，对失败容忍度高一点儿，从而使得新技术、新工艺在实验室能够得到更多试验的机会。

这样的目的就是给上游企业基础的营收去精进业务能力，同时鼓励上游企业开展竞争淘汰，不要竞争补贴。

风险提示：漫画内容仅供参考，不构成投资建议，相关观点及意见不代表雪球立场，亦不代表雪球对其中任何行业或相关公司的判断。内容中数据来自万得。

第四话

下一个主流

BATTERY CHARGER

等等，
您说您……差点儿掉
进坑里？
这是怎么回事儿？

嗯，那时
还有个很火的
概念。

是回收废旧
的电动车电池组成
储能阵列，既节省成本又能
解决废旧电池回收的问题，
我们也差点儿投了这个
领域的公司。

我听说过
类似的方案，但
似乎在安全性方面
有点儿问题
……
岂止是
有点儿问题啊！国家
能源局发布了《防止电力
生产事故的二十五项
重点要求》！

明确规定
中大型储能电站应
选用技术成熟、安全
性能高的电池，审慎
选用梯次利用动力
电池。
并且对
锂离子电池、磷酸
铁锂电池、铅酸/铅炭电
池和液流电池都增加了
防护措施。
梯次利用？

就是还没用坏
的东西再利用！
比如你的电动车上的锂电
池用了好几年，电池容量已经
严重衰减，充满电也只有
80%的电量，你肯定要
换一个电池吧？
但这个
旧电池可以再利
用啊，比如用在某些
储能设备上，直到
彻底报废为止。

现在看来
国家对中大型化学
储能电站的安全问题
更谨慎了。
那当然了，
监管要求高
是好事。

毕竟过去
10年里，全球一共
发生过34起储能电站
爆炸事故。

其中，三元锂电池和钠硫电池引发的事故是31次，也就是说，近10年间，有91%的储能电站爆炸事故都是它们造成的。

我的确看到过这样的报道。

去年黑客马拉松的题目就是开发那种储能电站的安控系统。
结果所有参赛队伍的系统都没能在储电站爆炸前给出应有的预警……

这么说的话，
电化学储能的路会
越来越窄吗？
这倒不会，
电化学储能还是非常
重要的发展方向，而且
技术路线很多。

就拿你
这次来问我的
全钒液流电池来说吧，
它就是其中一种电
化学储能。

钒电池
有三个至关重要
的特性：安全性高、
一致性好，还有
寿命长。

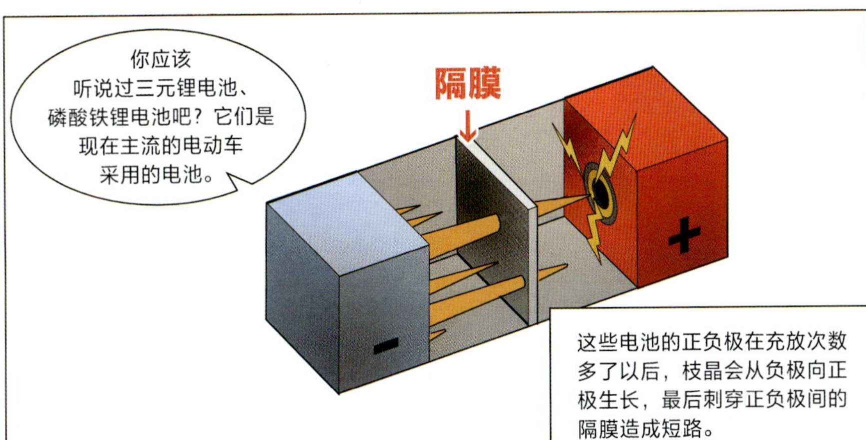
你应该
听说过三元锂电池、
磷酸铁锂电池吧？它们是
现在主流的电动车
采用的电池。
隔膜
这些电池的正负极在充放次数
多了以后，枝晶会从负极向正
极生长，最后刺穿正负极间的
隔膜造成短路。

一旦短路，
电池基本就报废
了，还可能引发
火灾。
由于电池
里面自带足量的
氧化剂和还原剂，这种
火灾根本没法救，不把
材料彻底烧光是
不会熄灭的。

这也就是
为什么说电动车
一烧起来就灭不了
吧……
正是。

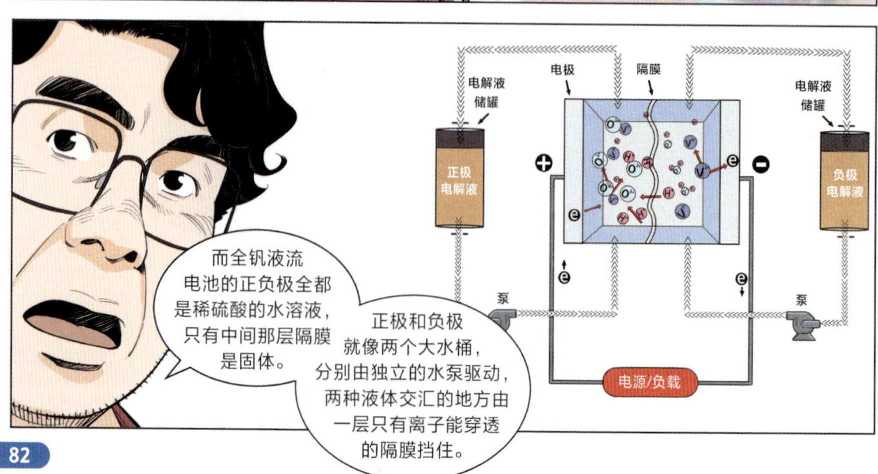
电解液
储罐
电极
隔膜
电解液
储罐
正极
电解液
负极
电解液
泵
泵
电源/负载
而全钒液流
电池的正负极全都
是稀硫酸的水溶液，
只有中间那层隔膜
是固体。
正极和负极
就像两个大水桶，
分别由独立的水泵驱动，
两种液体交汇的地方由
一层只有离子能穿透
的隔膜挡住。

这种结构
不满足燃烧爆炸
的物质条件，所以
十分安全。
我明白了
……

那你刚才
说的“一致性
好”又是什么
意思？

就像咱们
平时用的5号、7号
电池，说明书上不是建议
新老电池不要混用嘛。中学
物理课上，老师应该也
讲过……
我记得
是因为老电池的内阻
大，所以会影响其他
电池？

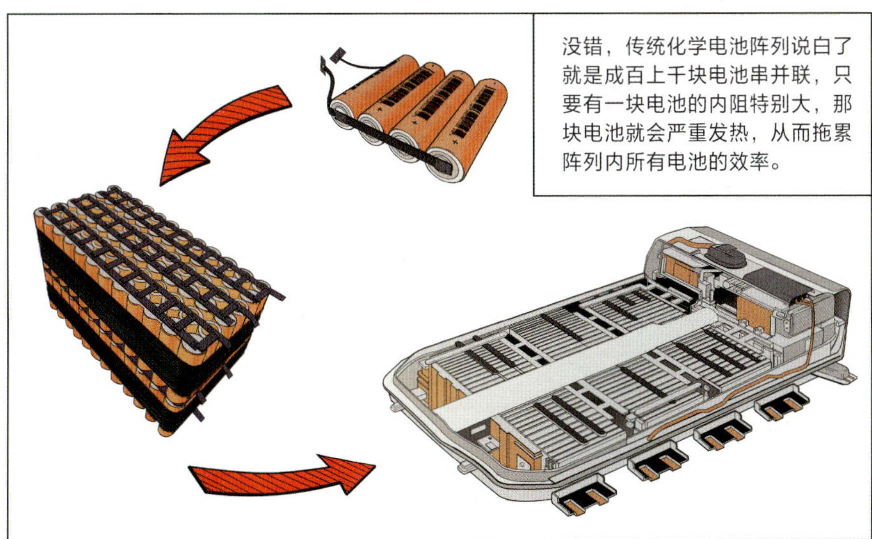
没错，传统化学电池阵列说白了
就是成百上千块电池串并联，只
要有一块电池的内阻特别大，那
块电池就会严重发热，从而拖累
阵列内所有电池的效率。

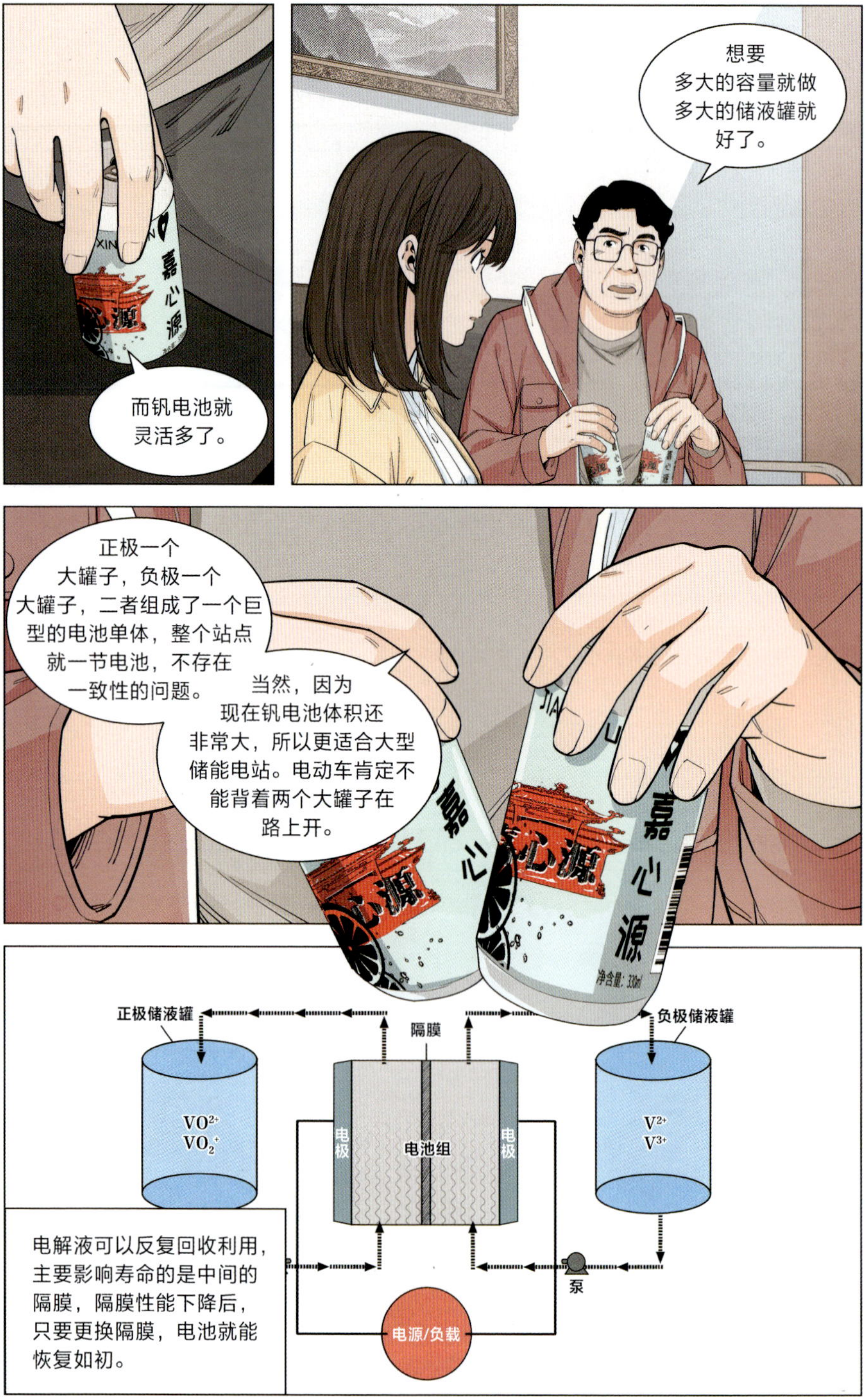

正极一个大罐子，负极一个大罐子，二者组成了一个巨型的电池单体，整个站点就一节电池，不存在一致性的问题。

当然，因为现在钒电池体积还非常大，所以更适合大型储能电站。电动车肯定不能背着两个大罐子在路上开。

嘉心源

正极储液罐

隔膜

负极储液罐

VO^{2+}
VO_2^{+}

电极

电池组

电极

V^{2+}
V^{3+}

泵

电源/负载

电解液可以反复回收利用，主要影响寿命的是中间的隔膜，隔膜性能下降后，只要更换隔膜，电池就能恢复如初。

而且目前每年的开采量也只占探明储量的几百分之一，具有可持续性。

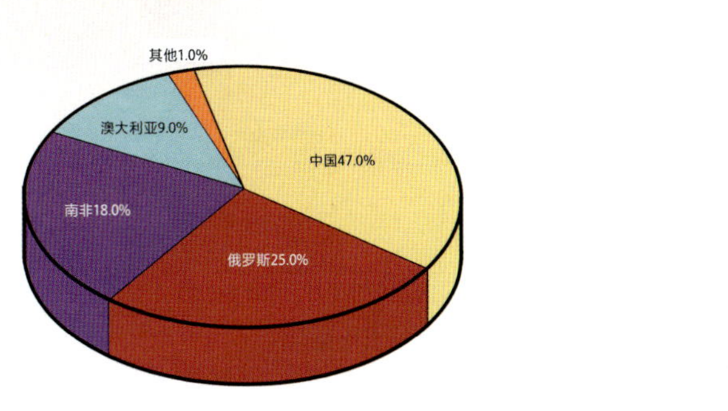

不像锂、钴、镍这些资源，它们要么现在，要么在几年内就会面临产能瓶颈，未来造电动车都不够用。

以后人们肯定会想方设法地回收报废电动车电池中的稀有元素，
那些想靠低价回收电动车电池做储能电站的方案，也就是刚才说的梯次利用，很快就会难以为继。

虽然当下的回收技术还不成熟，但国内外有不少公司已经在研究回收方案了。

这么说钒电池是很完美的储能方案呀。
为什么还一直推广不开呢……

有利就
有弊啊。
比如其中
一个原因就是太
贵了！

钒电池的
初期建设费用很高，
成本至少是锂电池的
三倍。
原料也是
问题，虽然刚才提到
我国的钒储量很大，但
是提炼成电池能用的五氧化
二钒并不是一件容易
的事。
产能是
有限的，如果产能
跟不上行业发展速度，
原料就会变得
非常贵。

除了贵，
目前钒电池的综合
效率也还达不到锂
电池的水平。
嘉心源

综合效率是
什么意思？
储能嘛，
就是要把发电站
发出来的电能储存
起来。
这个储存
过程其实基本都是
靠能量转换，比如从
重力势能转化成电能，
这种转换都是有
损耗的。

你把饮料
喝光，我给你举个
例子。

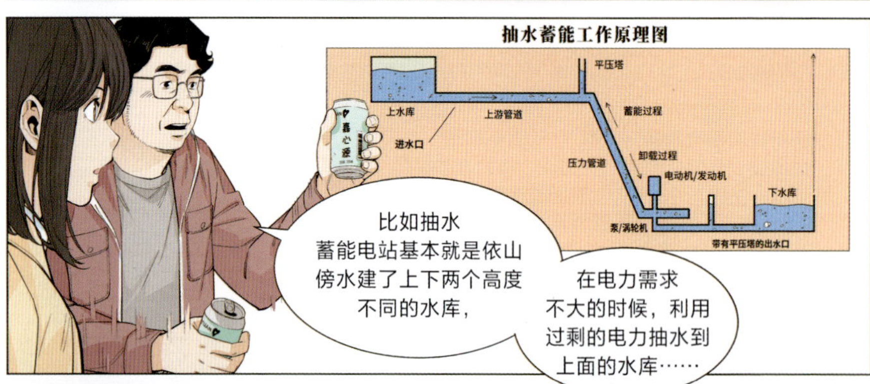
抽水蓄能工作原理图
平压塔
上水库
上游管道
进水口
蓄能过程
卸载过程
压力管道
电动机/发动机
下水库
泵/涡轮机
带有平压塔的出水口
比如抽水
蓄能电站基本就是依山
傍水建了上下两个高度
不同的水库，
在电力需求
不大的时候，利用
过剩的电力抽水到
上面的水库……

用电高峰时开闸放水，并在下游安
装发电机，利用水从上水库流向下
水库时产生的机械能发电，这样不
就相当于把电能储存在这套上下两
个水库的工程里了吗？

但这里是
有能量损耗的。
JIAXINYUAN

肯定往上面抽水更费电啊，假设消耗了100度电来抽水，最后应该能发出70度电。综合效率差不多就在70%左右。
JIAXINYUAN

再比如锂电池，是通过锂离子的电化学反应把化学能转化成电能。效率高一点儿，
可能是先充100度电，最后发出80到90度电，也就是综合效率差不多在80%到90%。

你问我的这个钒电池，现在的综合效率还达不到锂电池的水准。

这就是摆在钒电池储能面前的两大课题。
一个是综合效率，另一个是成本。

其实储能的技术路径有很多，重力储能、飞轮储能、压缩空气……液流电池里也还有铁铬电池和锌溴电池，等等。
但它们面临的挑战是相似的，谁能解决综合效率和成本这两个问题，谁就能真正进入民用市场。

储能项目短期看政策，长期一定还得看是不是划算。

全钒液流电池超长的使用寿命，也意味着只有把时间拉长到5年、10年甚至20年……

它的成本和效率优势才能显现出来。所以投资圈对于钒电池也只是问得多、投得少。

唉！毕竟
哪有资本愿意忍受
这么长的回报周期啊
……

资本无法
忍受过长的回报周期
……他也说过这样
的话啊。
现在绝大多数
基金投资者的平均持有
时间只有几个月，在几个月
内如果基金没有亮眼的表
现，就会被卖掉。
有时某些资
产价格突然大幅波动，
就是因为主力基金因某个
传言而造成了踩踏式
赎回……
有时即使
是很有前途的
项目，如果回报周期
太长，也不能轻易
出手。
这也是
为什么全世界的
投资机构都喜欢争取
大额的长线资金
……

这……或许
就是资本规则的天然
限制？

我好像明白了！

你……明白
什么了？

没什么啦！
快去看看黑客
大赛吧！

几天后的晚上
夜大课堂

这天儿怎么跟
闹鬼似的！

气温都快30
摄氏度了。

据说是
因为全球变暖？
这两年的天气不老是
抽风嘛。
是啊！
都不知道穿
什么了。

唉！春节后
的大盘不也一样，
上蹿下跳的让人心里
不得安生。

哦？大家
说说看，最近
都关注了哪些
股票？

我去年
在港股通上买了
一只叫天景科技
的股票。
那家公司
是做图像数据标注
起家的，后来推出了
自动驾驶的图像
识别芯片。

春节后
天景科技忽然
涨了好多。

可也没听说
他们最近发布什么
新产品啊……
这你就
不知道了吧，去年
年底AI聊天机器人火
了，一堆大厂疯狂
跟进，
带得
国内有数据标注
业务的公司股价都
开始疯涨。
嗯？是隐星
投的那个？！我都没
注意……

有家做
数据标注的公司，
一个月内股价涨了
300%！
原来
是因为踩上了
数据标注概念的
风口……

别提了！
那只股票我买在
了顶！
到现在
两个礼拜赔了20%
多，我老婆天天在
家数落我。

市场上
永远不缺炒热点
的资金，赚的就是
心浮气躁的股民
的钱。

我劝大家
还是不要盲目跟风，
不过说到人工智能
……

正好
前两天我和身处
AI行业前沿的朋友
聊了聊……

也许可以
跟大家分享
一下。

进阶吧！投资者课堂

*自上而下：先看整个宏观经济的基本面，再关注具体行业的景气度等指标，最后选股。

我们进行行业研究时，应该充分重视行业周期底部的积极变化，以及竞争改善、需求爆发带来的产业级别的投资机会。

半导体

信创

云计算

新能源

例如，2019年的半导体、信息技术应用创新（信创）和2020年的云计算、新能源。板块的产业级别投资机会通常容易产生超额收益。

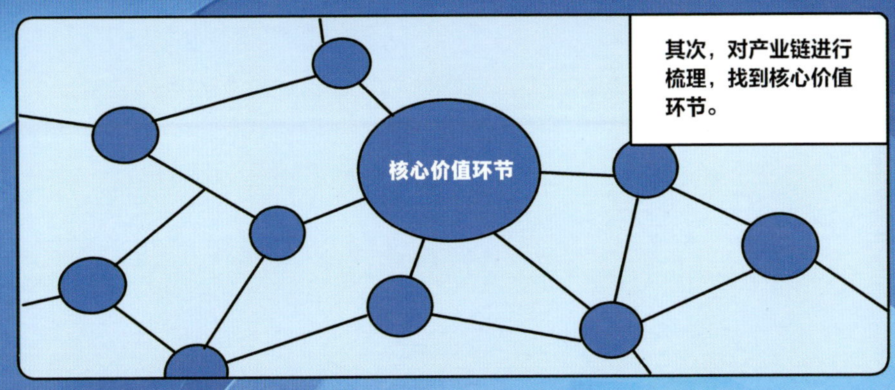

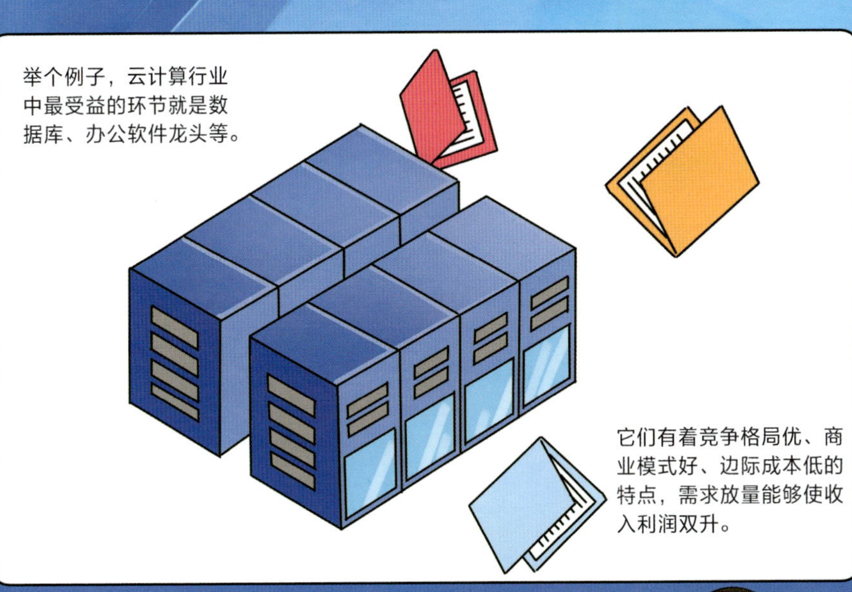

风险提示：漫画内容仅供参考，不构成投资建议，相关观点及意见不代表雪球立场，亦不代表雪球对其中任何行业或相关公司的判断。内容中数据来自万得。

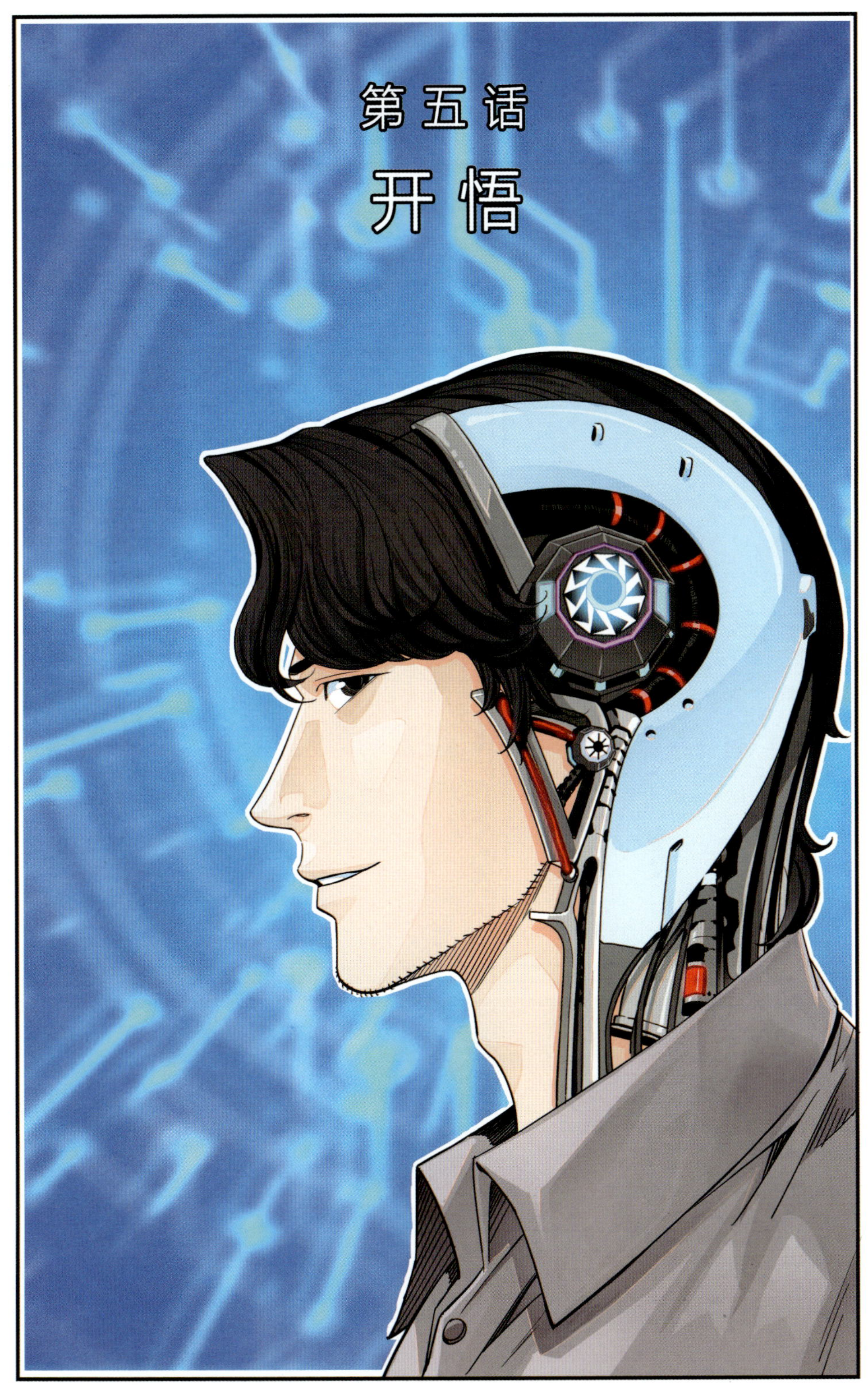
第五话
开悟

很久以后羊肉串
只晚上营业
丰茂

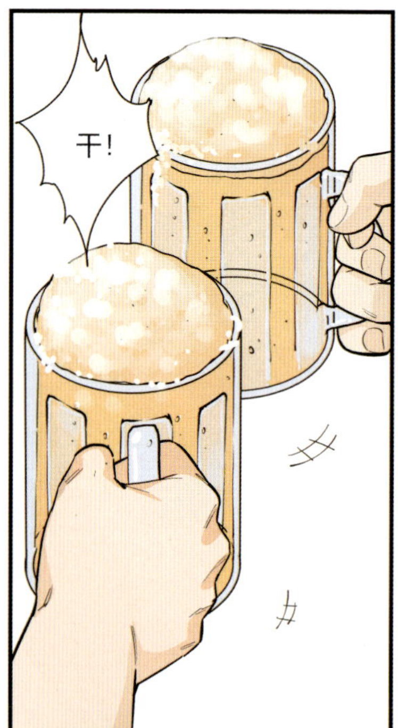
干！

喂！你这家伙，当老师有那么忙吗？

咱俩好久没一块儿喝酒撸串了吧？

甄真老说我不
应该吃这些不健康的
东西，今天不是难得
她不在嘛……

不过
那丫头最近神秘兮兮
的，好几次叫她吃饭
都说有事。

难不成是在偷偷
减肥？

哈……或、
或许吧！

话说你
突然请客，有什么
企图啊？

想跟你
打听打听这个
呗……

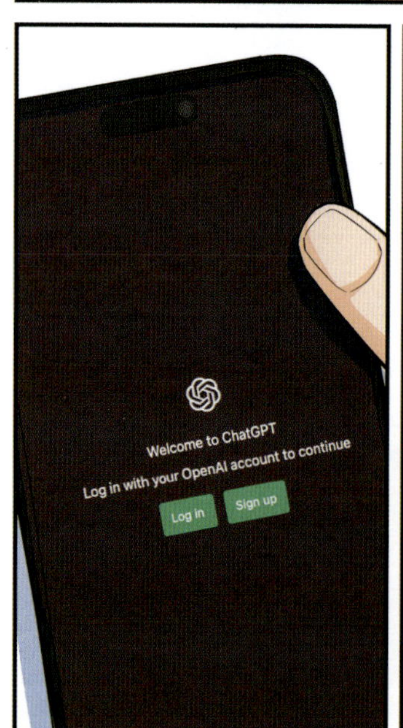
Welcome to ChatGPT
Log in with your OpenAI account to continue
Log in
Sign up

哈哈，一猜
你就会对人工智能
感兴趣。

唉！没法
不感兴趣，这
玩意儿最近太火
了……

搞不好
以后讲台上戳个
机器人，哥们儿就能
赛博飞升了。

嘿，还
真不是没这个
可能。

你说
这么短的时间，
AI的提升怎么
这么大？
我去年
看大语言模型的
时候，那东西还
傻乎乎的。

这你就不知道了吧，去年8月谷歌大脑的研究者发表了一篇论文，讲的就是大语言模型的涌现能力。

涌现？

就像单只蚂蚁很笨，蚁群却很聪明；每个神经元都是简单的，有上百亿神经元的大脑却可以产生意识。

他们发现，在不做任何算法优化的情况下，当语言模型的参数超过1000亿，它会忽然获得一些之前没有的能力。

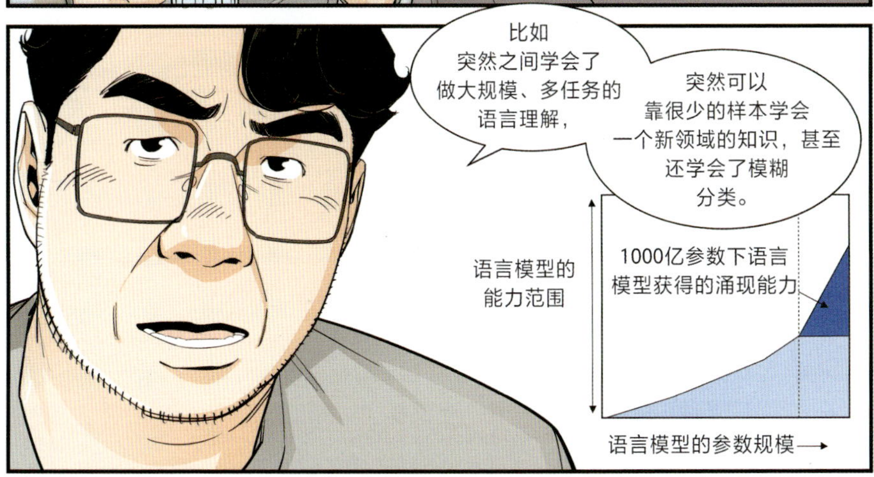
比如突然之间学会了做大规模、多任务的语言理解，
突然可以靠很少的样本学会一个新领域的知识，甚至还学会了模糊分类。
语言模型的能力范围
1000亿参数下语言模型获得的涌现能力
语言模型的参数规模

听好了，
关键就是：研究者
并没有刻意给模型植入这些
能力，都是模型自己
摸索出来的。

你是说……
当规模大到一定
程度……

AI就
自己“开悟”
了？

对，开悟！
这个形容太贴切
了。

这也就是
为什么这两个月
无论之前有没有相关技术
积淀的科技巨头全都
一拥而上。

因为这种
开悟唯一的秘诀就是
大！

足够多的
训练样本、足够大规模
的参数、足够庞大的
算力……
千亿规模参数
的模型，仅训练样本
的收集、筛选和存储
就是天价。

小公司和
规模不够的科研机构
这次完全被挡在了基础
研究的门外。

只能想想
如何用大公司开放的
接口做些模式创新的
工作……

几天后 夜大课堂
这就是为什么这次国内外的科技巨头全都以几十亿、上百亿元的规模投入AI项目。

如果人工智能真的是引领第四次工业革命的钥匙，那这扇门的门槛必然是国家级的。

可对咱这些小老百姓来说，那些高科技的东西是不是离我们太远了？
感觉根本参与不进去啊……

或许可以买些人工智能的ETF？

这的确
是一种简单的
方法。

但我想说的是，
在中国，其实每个人
都是这场巨大投资的参与者，
也都将是投资回报
的受益者。

什、什么
意思……俺
可是一分钱也
没投啊。

咱们
不妨做个思维游戏，
思考一下，作为当代
中国人，
即使你
一分钱都没有，还有
哪些是你天然享有
的。

一分钱
没有？那不就是
穷光蛋吗？
我知道，
可以去免费
的公园！
还有……享受
义务教育？
嗯……
有警察免费维护
治安？

嗯，你们说的
都没错。

具体来说的
话……

咱们有
现代军队，有现代
司法制度，有治安系统、
通信系统、电力系统、
教育系统、医疗
系统……
这些都是
古人花钱也买不到
的服务和资源，现在几乎
都是免费或者是以极低
的价格提供的。
现代医疗
治安系统
医疗系统

现代医疗
现代司法制度
下面我要说的话，是别人曾对我说过的，今天我把大意转述给你们。

对我而言，那是像师父一样的人……

是……父亲？

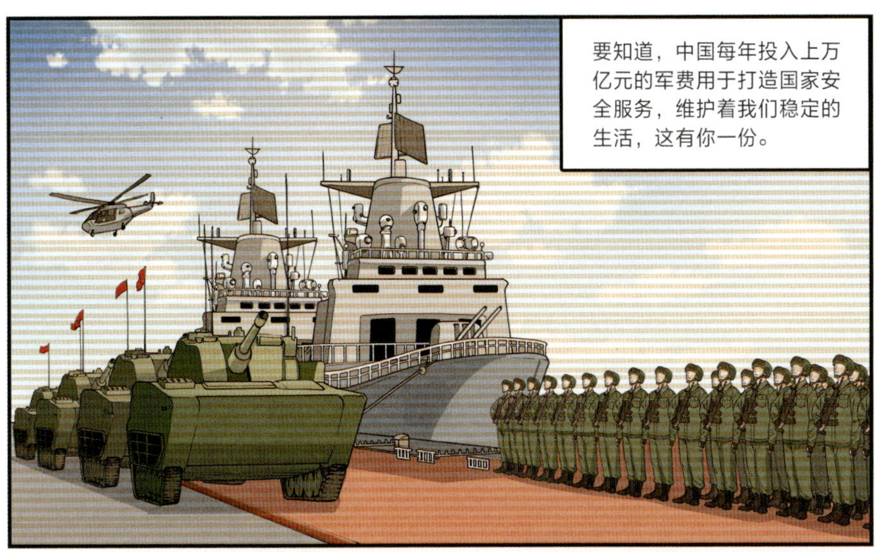
要知道，中国每年投入上万亿元的军费用于打造国家安全服务，维护着我们稳定的生活，这有你一份。

每年高达数万亿元的教育经费，保证了个人和整个社会的教育文化水平，为各个行业培养了无数的人才，这有你一份。

全国的医疗保障服务，这也有你一份。
住院部

平整的公路桥梁、稳定的电力供应、贯穿中国的铁路网，全都有你一份。
你们大可以往下数，然后就会发现如果折算成具体金额，这部分才是咱们在座大部分人最大的财富份额所在。
就相当于即使你的账户里一分钱都没有，你也已经有了一个价值不知多少万一年的会员资格！

想做好投资，
首先要学会的就是善用
自己的这笔基础财富，
不要辜负它，

因为这是
我们国家超越一般
资本逻辑……

靠着几代人
的牺牲与努力，为
每个中国老百姓打造
的家底。

“超越一般
资本逻辑”……
原来如此！

轶君总
轶君总，能不能帮我安排见见普耀的雷总？
可以，有什么点子了？

能不能帮我安排见见普耀
有什么点子了？
嗯……有个想法，想试试看。

雪球 出品

进阶吧！投资者课堂

指数基金

标准指数股票型基金

增强指数股票型基金

股票ETF基金

股票ETF联接基金

那么该如何选择指数基金呢？主要考虑以下几点:

首先，明确指数基金的分类。其中，对于指数增强型基金*，我们在筛选时更关注基金经理相对基准指数的超额收益能力。

同时，它的风险收益特征也是我们定量评价的重要方向，例如产品的上行/下行收益率，相对基准的最大回撤和夏普比率等。

宽基指数基金

对于宽基指数基金产品，我们在筛选时更关注产品相对于基准指数的跟踪误差、产品费率和产品自身的流动性等指标。

宽基指数基金是指以某种指数为基准进行股票或债券投资的产品。

宽基指数中的"宽"是指投资范围不限于特定行业或主题，例如沪深300、中证500。

其次，不管我们选择哪些种类的指数基金产品，基本的资产配置策略必不可少。比如常用的核心资产+卫星资产策略。

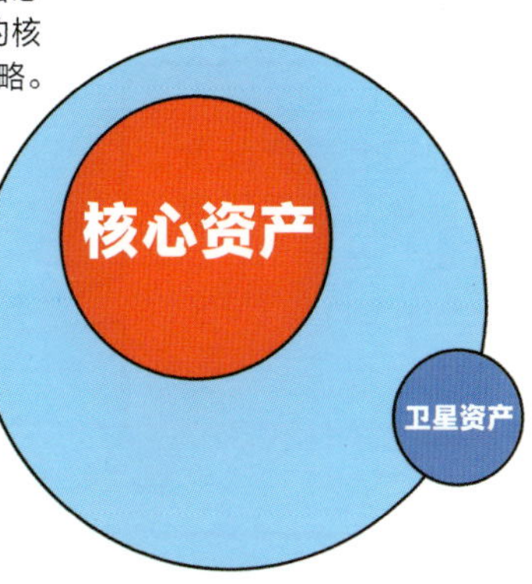

这是一种分散化投资思路，用60%～70%的仓位做核心底仓，这里可选用宽基指数基金产品，可投资范围相对更广。例如全部A股，再用30%～40%的仓位做卫星配置，以获取阶段性超额收益，可选用行业/主题甚至海外或另类指数基金产品投资看好的方向和赛道。

*指数增强型基金：以投资指数为主，同时基金经理也会投资指数成分股以外的股票，以追求超额预期收益。

对行业配置而言，应该参考行业估值、盈利水平、景气度、拥挤度等信息，在行业之间进行对比、交叉验证，综合考虑行业的赔率和胜率做短期的、对自己投资策略的微调。

行业估值

盈利水平

景气度

拥挤度

运用指数基金产品做投资要结合资产配置策略，要结合自身的投资目标。我离职后一直在思考资本规则这件事，在甄墨言的启发下，我开始关注我国超越一般资本逻辑的方方面面。最近老是不见甄真，也不知道她在忙什么。

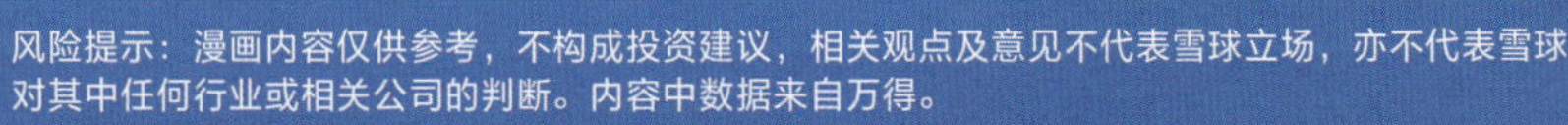
风险提示：漫画内容仅供参考，不构成投资建议，相关观点及意见不代表雪球立场，亦不代表雪球对其中任何行业或相关公司的判断。内容中数据来自万得。

第六话
新手！

正起科研大楼

新的
设备基本都放在
这里。

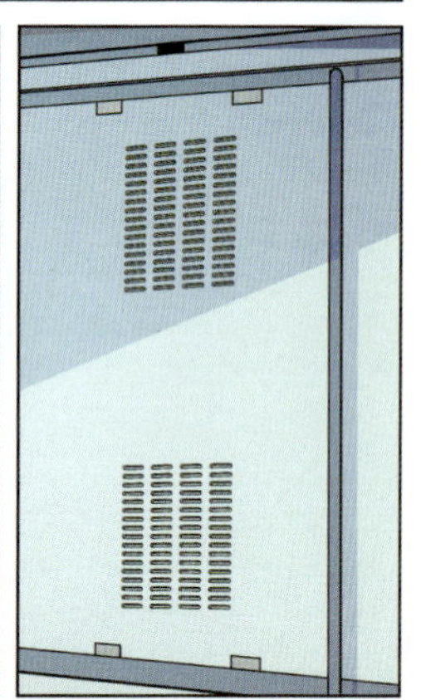

隐星
入股之后，普耀这
一年的现金流充裕
了不少。

也是因此，
我们才有能力加大
对兰教授带领的全钒液
流电池隔膜研发项目
的投资。

隔膜是
全钒液流电池的重要
组成部分，去年咱们
国家仅仅在钒电池这一项，
对这类隔膜的用量
就有三四十万
平方米。

消火栓
未来几年
随着储能需求的
快速增长，预计年需求量
会快速达到每年数百
万平方米。

电极
电极
双极板
隔膜
双极板

之前这种
隔膜的生产技术
一直被美国、德国及
日本的几家公司垄断，
每平方米售价高达
上千美元。

这么贵?!

技术掌握
在人家手里，花多
少钱也得买啊！

兰教授的
研究课题就是要实现
这种隔膜的国产化和
量产化。

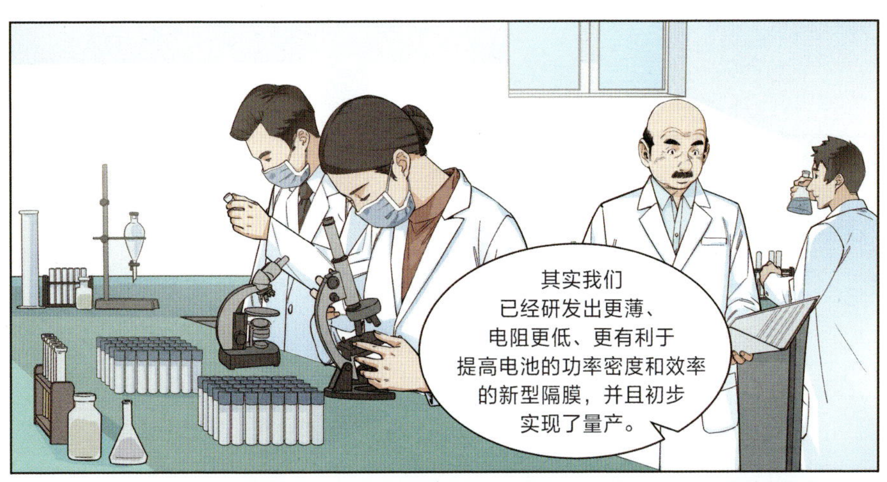
其实我们
已经研发出更薄、
电阻更低、更有利于
提高电池的功率密度和效率
的新型隔膜，并且初步
实现了量产。

更重要的是，
未来依靠自主生产，
我们能将这种隔膜的价格
打到现在的五分之一
甚至更低。

未来？
目前还无法投产
吗？

唉，还是那个
问题。

和抽水蓄能
相比，钒电池储能
目前依然不具备成本
优势。这是个砸钱
的项目。

想技术
突破，看来不仅
是有实验室这么
简单。

这么说……

还需要
产业升级的机遇
……
机遇……

雷总，
轶君总，我有个
思路……

几个月后

什么事啊，
非把我拉到这么远的
地儿来……

好家伙，屁股都
颠麻了。

咦？那也是
……

电……

好大的电塔！

你看那边，
是正在进行浇筑
作业的液流电池储能
升压站。
准高质量创一流
还有规模
更大的太阳能
发电站。

怎么样？
不错吧？

轶君总！

你们怎么突然
来了？

也不
提前给我打个
电话。

必须承认，
你把她教得
很好！

你怎么
在这儿？这到底
是……

嘻嘻，没
认出来吗？

这里是乌勒台
村呀！

什么？乌……
乌勒台村？
乌勒台村液流电池
储能调峰示范站
是呀！你看
那个。

乌勒台村……
这是……

好了，
一两句也说不
明白。

既然来了，
就跟我走吧，我
带你逛逛。

示范站的
设计规模是100兆瓦，
现在有几百名工人
加班加点，
还招募了
不少本地村民，预计
入秋前就能建成
投产。

这里
之前那个项目……
不是因为算不过账来，
那家小电站临时
撤资了吗？

嘿嘿，按照
之前的思路确实
行不通。

但搭配
当地政府与液流
电池储能相关的
新政策，
以及有
新的合作伙伴加入，
原先被中止的项目就
被盘活啦。

新政策？新
合作伙伴？

别着急，我慢慢
给你讲。

之前铁君总
告诉我，到2050年
光伏发电要占到咱们国
家总发电量的40%。
然而像光伏
这样的新能源，很依赖
自然环境，像今天这样的阴天会
对发电量产生直接影响，
产能波动很大。

现在可能光伏的发电量占比还小，也就5%吧，对储能需求不太高。
但如果光伏发电量占比达到40%，未来肯定要大力发展储能技术，这样才能保证光伏供电量的稳定。

这里本来水资源就有限，外加近两年遭遇极端干旱，基本不太可能继续建造有规模的抽水蓄能电站，所以电化学储能就开始受到关注。

然后我就想，既然是确定的长期战略，国家一定会推出这方面的政策。

我收集
整理了这两年全国
各地在电池储能方面颁布
的政策性文件，用了好长
时间才看完，总算
有了一些心得。

我发现
国家对于行业发展
其实有长足的规划
和思考。

视察组参观视察我国西北地区光伏电站
今日要闻
而且支持力度
很大。

正如你在夜大课上讲的，真正在全国层面承担电力能源保供、低碳转型的还是那些发挥压舱石作用的央企和国企。

雪球出品

进阶吧！投资者课堂

大家好，今天为大家请来了英大基金的张媛，请她跟大家聊聊国企改革背后蕴藏哪些投资机会。

大家好，我是张媛。

国企改革背后蕴藏哪些投资机会？

目前，国有企业的高质量发展主要围绕供应链强链补链、提升创新主体、能源革命及以内促外这四个方面展开。

国企形成了新时代下的国家竞争优势，同时，结构性的机会也孕育其中。

第一，寻找产业链安全和公平的溢价回升背景之下的“大象”。

我国制造业产业链覆盖广泛，但很多环节过度依赖海外市场，伴随着对安全和效率的关注，一些配套的政策和措施陆续落地，这将会在支撑企业继续承担完成长期目标的责任的同时，保障企业高质量发展。

第二，寻找聚合创新的“大象”。

一个国家科技的进步和发展需要一个紧密合作的创新联合体，来实现基础性、前沿性、长期性的行业层面创新。

同时，对于高资本密度、高人才密度的创新行业，需要国家意志主导，集中力量办大事。因此，央企和国企是创新联合体的最佳组织者。

创新联合体

第三，寻找捍卫能源安全的“大象”。

能源安全问题在当前显得更加迫切。国家在降低能源对外依存，大力发展新能源的同时，也将大力推进重要能源、矿产资源的国内勘探和增储上量，构建新型电力系统，提升能源安全。因此这类央企和国企将越来越重要。

第四，寻找全球善舞的“大象”。

在共建“一带一路”、实现“碳中和”目标的过程中，更深、更广地融入全球供给体系将越来越重要。对标世界一流企业的发展历程，央企和国企中也将出现一批极具全球影响力的跨国企业，成为国际市场上脱颖而出的“大象”。

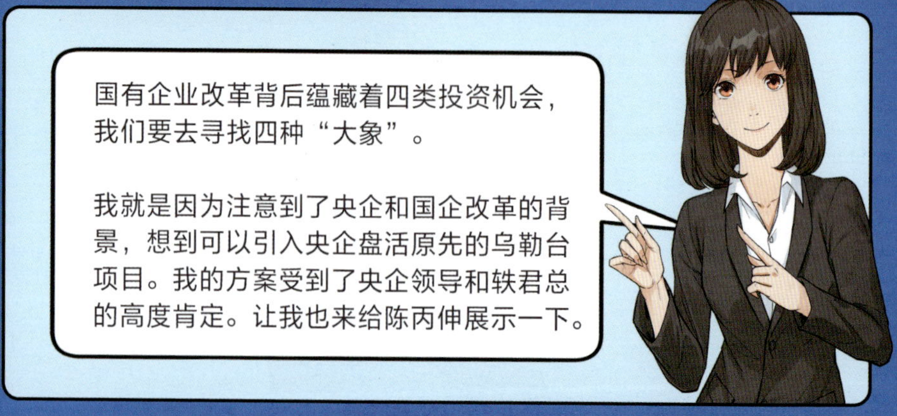

国有企业改革背后蕴藏着四类投资机会，我们要去寻找四种“大象”。

我就是因为注意到了央企和国企改革的背景，想到可以引入央企盘活原先的乌勒台项目。我的方案受到了央企领导和轶君总的高度肯定。让我也来给陈丙伸展示一下。

第七话
压舱石

央企和国企?

是啊！
就是你所说的，一直作为压舱石存在的央企和国企。

过去一年，
我一直在帮轶君总做国企改革方面的研究。

想看看隐星能否找到好的国企投资标的。我发现大多数国企在资本市场上的估值都偏低。
如果拿中证国企指数的平均估值和全部A股的平均估值比较，国企的估值处于下风。

这和
国企取得的
营收和利润严重
不匹配。

我看到
过一家券商的
分析，觉得说得蛮
有道理。

央企
国企
这篇文章说央企和
国企之所以估值低，
就是因为太需要体现
压舱石的作用了。

比如能源、电力、
金融、通信、工
程。

同时这些企业还
要承担广泛的社
会责任。

比如疫情、地震、洪灾发生
时，国企就起到了关键性的
作用。

但这些
都会影响企业
估值。

所以……
这和我们这个事儿有
什么关系？
你听我说完
嘛！

这两年，
国企改革的力度
不断加强，国企也
在进行自己的价值
重估。

我国
现在已经进入
高质量发展阶段，
新经济模式越发
重要。
国企除了
稳定传统行业，
很明显就是要带动
新兴产业的发展，
推动技术创新和
产业升级。

这是
一波全新的投资
机会。

钒电池
前期需要大量投入，
而且可能再过三五年也无法
把成本降到和抽水蓄能
相同的水平。

普耀主业
在硅片生产和电池板制造
上，储能本身就是创新业务，
投入不可能超过主业。所以，
我觉得央企和国企绝不仅是
压舱石，更是
新动能。

可如果投入
不够，或者普耀
没能挺过光伏的
下一个产业周期，可能
就看不到最终的
结果。

所以你……
所以我通过
轶君总，找到了
爸爸生前结交的几位能源
领域的央企和国企老总
朋友。

我们向他们
详细介绍了塔布奇
沙漠和乌勒台村的
项目，也重点
介绍了兰教授的
研究。
幸运的是，
其中一位老总说，
他们正打算加大在液流
储能领域的技术
创新投资。

这是响应
国家新能源产业
发展的一部分，他们希望
能够找一家靠谱的企业
合作建设一个示范
基地。

看来
对于央企和国企，
你有不少自己的
理解啊。

就这样，
普耀和这家央企
共同出资，启动了这个
以全钒液流电池为储能
探索方案的光伏
电站示范项目。
这家
央企还给普耀的
实验室带来了新的专家
团队，并且把当地光伏
电站的建设也承接
过来了。

当地政府
对这个合作项目
给出了很高的评价，领导
亲自来施工现场视察，
表达了未来对这一
模式的支持。

《乌勒台全钒液流储能项目战略合作框架协议》签约仪式
并且还和这家央企及普耀，签署了三方的《乌勒台全钒液流储能项目战略合作框架协议》，共同推进当地新能源项目的开发。

跳出
一般的资本逻辑
……

你真是
做了件了不起的
事情啊。

嘿嘿，
其实我只是做了
些整理和文书方面的
工作啦，具体事务都是
雷总和轶君总他们
完成的。

这片
电站连接了附近
好几个干旱的村落
……

我相信
靠着储能技术和
得天独厚的日照
资源，
未来这里
肯定能像塔布奇沙漠
示范站一样，变成一片
绿洲。

爸爸曾说
你离开隐星是为了
重新思考资本规则自身
的意义。

我想了
很久，觉得这个题目
对我而言还是太大了
……

但我记得
你说过，大部分
资本都是缺乏
耐心的，
所以有时
即使是很有前途
的项目，如果回报
周期太长，也不能
轻易出手。

那天我听你
讲课时忽然想到，
或许只有国家才有决心
和能力进行这种要算大账
的超长线投资吧
……

而央企就在
其中扮演了最重要
的角色。

我……想自己
四处走走。

诚聘
招贤纳士
导购员：3名
仓库管理员：2名
联系电话：6628964

乌勒台中学优秀毕业生

荣誉证书
娜布其同学：
祝贺你获得全国中学生数学竞赛银牌。
特发此证，以资奖励。
姓名：娜布其
成绩：全国中学生数学竞赛银牌

喂！那边的
叔叔……

飞给我们吧！

好！

飞吧！

你太用力了！
这样飞不高，也
飞不远……

太用力……
飞不高、飞
不远吗？

雪球 出品

进阶吧！投资者课堂

躺平是一个动作，表示一种低节奏的身体状态，但它描述不了大脑的思考状态。那个望着窗外发呆的学生可能在头脑中做着关于一个物理定律的思想实验，目的是搞清楚一个基本概念。

达尔文利用这20多年的时间不断完善演化论的框架、整理零散的证据，以及与自己辩论以使其经得住推敲，要不是华莱士也发现了同样的理论，他或许还要再推迟若干年才会出版。

价值投资是建立在长期变量基础上的投资决策，它面临的一个绕不开的弊端是纠错难。

因为证伪一个观点耗时长，所以事前风控更重要，简而言之，要把坏事儿想在前面。

风险提示：漫画内容仅供参考，不构成投资建议，相关观点及意见不代表雪球立场，亦不代表雪球对其中任何行业或相关公司的判断。内容中数据来自万得。

第八话
入职！

两周后 北京

董事长
办公室

Enter

这些确实
是各个领域的
专家……

所以只要
批准你按这份名单
组建自己的团队，你
就同意正式回到
隐星？

嗯！

咔

咦？

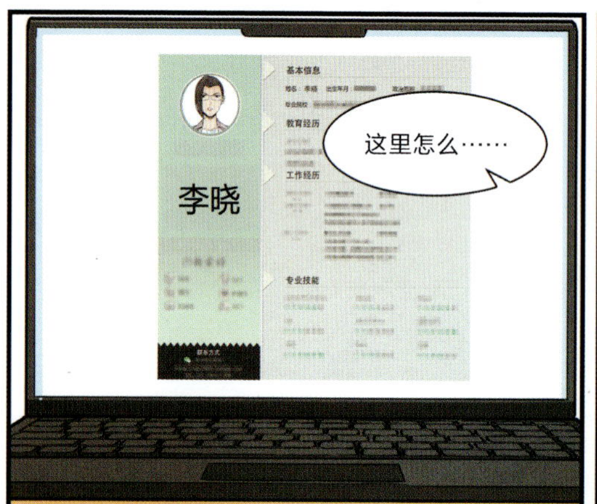
这里怎么……
李晓

还有周氏集团的李晓？
基本信息
姓名：李晓
毕业院校：
教育经历
工作经历
李晓

周老爷子过世后，她就离开了原先的公司。
李晓

她在
专业领域和人性掌控
方面都是专家级
的。

好吧……我
明白了。

还有，
事先声明，我在
夜大的课可不会
停掉。

没问题，
我还想让甄真继续
上课呢。

那么……

欢迎回来！

我们
现在的弹药很
充足，
正是你
大展拳脚的
时候。

现在
时代变化太快，
咱们接下来要做
的投资……

恐怕弹药
还远远不够
呢……

怎么还不
出来？
这家伙
该不会又改主意
了吧！

耶！太棒了！

你疯了……
太好了！
太好了！

去吃顿好的，庆祝
一下吧！

20
20

隐星基金

我来了！

你要的材料，
我收齐了。

时间把握得很
好嘛。
那当然。

最新的
行业政策文件，我也
放进去了。
嗯，不错！

看行业
的最新数据显示，
我们可能要调整投资
策略了。

咚
咚
咚

丙伸总，
有您的国际
快递。

我帮你拿吧。
好！

给您。
陈丙伸

你帮我
打开一下吧。谁
寄的啊？

啊？好的……

收件人：陈丙伸
收件地址：北京市朝阳区隐星基金
这……
没有发件人信息
啊！

什么？
发件人信息被
隐藏了？
这是啥？
好像在哪儿见过
……

这……

跟随陈丙伸集中调研了一批隐星基金持仓的上市公司后，甄真逐渐了解父亲甄墨言所创立的私募基金背后的投资逻辑，并开始建立自己对投资的理解。陈丙伸正式重新入职隐星，之后二人又将迎来怎样的投资挑战？甄墨言的死因是否蹊跷？投资之路仍在继续……

这学期我们
讲了很多投资的
基础知识。

今天是
最后一节课，在
下课前，我想再跟大家
聊聊投资和我们
的关系。

大家最好
不要把投资当作
能够改变命运或者
完成阶层跃迁
的工具。
真正能够
对你的生活产生重大
影响的，一定还是你
的主业。

但合理的投资
可以帮助你实现资产
的保值增值，能够帮你
穿越周期，让你更坦然地
面对人生中的各种
突发状况。
当然，也能
提升对自己、对世界
的认知。

有些时候，投资能带来的不仅是收益，
还能建立另一种你和这个世界打交道的方式。

我相信大家来到这间教室，肯定都是希望通过投资赚到钱的，这绝对是投资最重要的目的。
但我也看到大家精力其实都很有限，更多的时间是花在工作、家庭或者学业上。

这也是为什么我会说普通人理财最好是投资基金。
道理很简单，单只股票的价格波动非常大，而普通人的能力又是有限的。

如果你没有
基金经理那样足够的
时间、专业的水平、庞大
的团队来研究市场
和公司……
又怎么可能
在茫茫股海里找到
最有价值的
公司呢？

这可不是
每天刷刷财经
新闻就能解决
的问题。

大家可能
听说过“刚性兑付”
这个词。
就是过往
的一些投资品
会承诺大家保本
保息。

投 资
这会
让我们误认为
理财可以无波动
地躺赢。

但是，
哪儿有天上掉馅饼
这么好的事儿？这背后
一定充满了各种
风险。
投资
风险
收益
我们必须
要理解，每项投资，
风险和收益都是
相互匹配的。

很多人都认为投资就一定要有高回报，买的时候自然也就看哪只基金涨得快、涨得多，就买哪只，往往忽略了背后的高波动。

买入的时候，满眼全是收益；持有的时候，心里全是波动；卖出的时候，满脑子全是悔恨，最后都怪基金不好。

想要
更高的收益，就选
股票型基金。想要两者兼顾，
那就需要做好资产
配置。

不论是债券
型还是股票型，都需要
时间才能积累价值，所以
长期持有基金才有
可能获得更高的
回报。

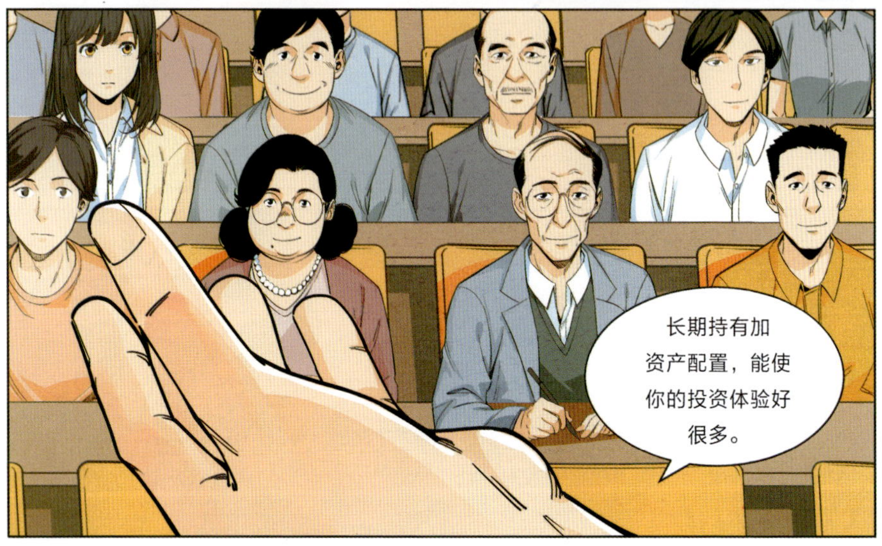
长期持有加
资产配置，能使
你的投资体验好
很多。

投资和
人生一样，要面临很多
考验，也必须做很多
抉择。

也许到底是
选择A还是选择B
并不那么重要，重要的
是你自己想要达成什么目标，
以及清楚这个目标背后
的路径、投入和
代价。

希望大家
听完我的课能有所
收获，也祝愿大
家投资顺利。

那我们下学期
再见吧！